AF450601

CATALOGUE
DU TROUPEAU DURHAM DE SARON

APPARTENANT A M. R. DE LA-TRÉHONNAIS

Agronome-éleveur

AU CHATEAU DE SARON

PAR MARCILLY-SUR-SEINE (MARNE)

La station de Romilly-sur-Seine, ligne de Paris-Belfort, est à six kilomètres, et celle d'Anglure, ligne d'Épernay à Romilly, à quatre kilomètres, de Saron.

—

1883

CATALOGUE

DU TROUPEAU DURHAM DE SARON

APPARTENANT A M. R. DE LA TRÉHONNAIS

Agronome-éleveur

AU CHATEAU DE SARON

PAR MARCILLY-SUR-SEINE (MARNE)

La station de Romilly–sur-Seine, ligne de Paris-Belfort, est à six kilomètres, et celle d'Anglure, ligne d'Épernay à Romilly, à quatre kilomètres, de Saron.

1883

1. — VIOLET, rouge et blanche, née le 18 juin 1871, chez M. Wodehouse (Angleterre).

	Éleveurs.
Son père *Vulcan* (27739).	
Sa mère *Vesuvius*, par 2ᵈ *Baron Wetherby* (21243).	C. Bayes.
Sa g. m. *Violet*, par *Fairleigh* (19714).	Bowley.
Sa g. g. m. *Verdant*, par *Majestic* (13279).	Sanday.
Sa g. g. g. m. *Virago*, par *Nelson* (20399).	R. Booth.
Sa g. g. g. g. m. *Vitella*, par *Ultimatum* (10982).	Mallorie.
Sa g. g. g. g. g. m. *Venus*, par *Monzani* (6222).	Sir C. Tempest.
Sa g. g. g. g. g. g. m. *Philis*, par *Vampire* (2789).	Lord Spencer.
	Edge.

H. B. Anglais, vol. 21, page 1001.

H. B. Français, bulletin nº 50, page 1071.

2

Violet a toujours remporté les premiers prix dans tous les nombreux concours où elle a été exposée, et particulièrement au concours général de laiterie à Londres en 1880, où elle obtint le prix d'honneur comme la meilleure vache laitière de tout le concours, dans lequel figuraient les meilleurs spécimens de la race Hollandaise, exposés par le Gouvernement des Pays—Bas.

La famille de *Violet* est pleine de distinction; son père Vulcan (27739) a été élevé par M. C. Bayes de Kettering, et sort de *Royal Duke* (24776), élevé par le marquis d'Exeter — et de *Ernest* (17812, élevé par le colonel Pennant aujourd'hui lord Pernyn. Vulcan remonte à *Hamlet* (8126), l'un des meilleurs taureaux qu'aient élevés les Booth — et à Duke of Cambridge (7 87), taureau par *Duchess*, etc., etc.

Le grand-père de *Violet* est *Baron Wetherby* (21243) élevé par M. Bowley de Siddington. Ce taureau est issu d'une de ces familles distinguées qui par une alliance raisonnée avec les meilleurs taureaux de Bates, ont fait la renommée de M. Bowly que la mort a recemment fait disparaitre, comme tant d'autres de ses émules contemporains, à qui la race Durham est redevable de ses qualités et de sa perfection.

Fairleigh (19714) élevé par William Sanday de Holme Pierrepont, appartient à l'une des meilleures familles Booth, celle de *Fame* par *Raspberry* (4873), laquelle remonte aux meilleurs facteurs du sang Booth, tels que *Young Matchem* (4422), *Isaac* (1129), *Young Pilot* (4702) et *Julius Cæsar* (1143).

Majestic (12279) est un taureau Warlaby de R. Booth. *Ultimatum* (10982), appartient à l'élevage de sir Charles Tempest et *Monzani* (6222) à celui de lord Spencer. On le voit, pour une généalogie mixte, il n'est guère possible de rencontrer de meilleurs éléments.

2. — **LADY GODIVA** 10ᵐᵉ, rouan riche, née le 2 janvier 1872, chez M. Stephen Valentine
Bliss, Angleterre.

	Éleveurs.
Son père *Warrior* (32871).	
Sa mère *Lady Godiva 2ᵈ*, par *Colonel* (28221).	W. Woodward.
Sa g. m. *Lady Godiva*, par *Romeo* (29819).	Clarke.
Sa g. g. m. *Buxom*, par *Fitz George* (28606).	Clarke.
Sa g. g. g. m. *Buxom*, par un taureau Durham appartenant à M. Elias Clarke Lillington	Clarke.
Dagnell (Bercks).	

Lady Godiva est une des meilleures laitières du troupeau de Saxon. Elle sort d'une famille très ancienne, élevée par M. E. Clarke qui avait négligé de faire inscrire ses animaux au Herd Book, malgré la pureté incontestable de leur origine, comme beaucoup d'autres anciens éleveurs.

Lady Godiva 10 est inscrite au Herd Book anglais, vol. 24, page 348, et au Bulletin français, n° 45, page 991.

Le père de *L. dy Godiva*, *Warior* (32801) est né chez M. W. Woodward et remonte au troupeau du colonel Pennant, aujourd'hui lord Penryn. Son grand-père *Colonel* (28231), appartient à la célèbre famille des *Seraphina* et fut élevé par M. Clarke de Lillington. — *Romeo* (93819) sort du même troupeau ainsi que *Fitz Georges* (28606). Ainsi cette famille est non seulement originaire du troupeau de M. Clarke de Lillington Dagnell (Berks), mais, elle est restée, depuis le commencement, entre les mains de cet éleveur. De là, sans doute, son caractère d'homogénéité de formes et de qualités laitières.

3. — IMOGÈNE, rouan, née le **15** mars 1875 chez lord Fitz William en Irlande.

	Éleveurs.
Son père *Robert Burns* (29795).	
Sa mère *Iris*, par *lord Stanley* (24466).	Booth.
Sa g. m. *Isabelle*, par *Fusilier* (24000).	Booth.
Sa g. g. m. *Irish Girl*, par *Barley Sugar* (11140).	Booth.
Sa g. g. g. m. *Fleda*, par *Baron Warlaby* (7813).	R. Chaloner, famille de Old Sylph.
Sa g. g. g. g. m. *Young Favourite*, par *Prince Ernest* (7366).	R. Booth. Robert Holmes, famille de Lady Maynard.
Sa g. g. g. g. g. m. *Favourite*, par *Bright* (1739).	Benson, Sang Booth.
Sa g. g. g. g. g. g. m. *Campanula*, par *Shylock* (2622).	Woodehouse..
Sa g. g. g. g. g. g. g. m. — par *Percy* (1314).	Thomas Harrison.
Sa g. g. g. g. g. g. g. g. m. — par *Blucher* (84).	Major Bower.
Sa g. g. g. g. g. g. g. g. g. m. — par *Marshall Beresford* (415).	Major Bower.
Sa g. g. g. g. g. g. g. g. g. g. m. — par *Crocus* (932).	Thomas Harrison.
Sa g. g. g. g. g. g. g. g. g. g. g. m. — par un *taureau de Ch. Colling*.	Ch. Colling.

Imogène est petite-fille de la célèbre *Irish Girl*, dont les triomphes dans les concours de la Société Royale de Dublin, sont devenus légendaires. Imogène est essentiellement de sang Booth et du meilleur. Elle est inscrite au Herd Book français, bulletin n° 50, page 1071.

Le père d'Imogène est le célèbre taureau Booth *Robert Burn* (21793), élevé par M. Torr; ce taureau appartient à la famille *Biby*, qui à la vente de M. Torr, réalisa des prix extraordinaires. *Lord Stanley* (24466) a été élevé par M. Banes de Westland en Irlande, mais il est issu de père et de mère d'une famille de sang Booth. — *Fusilier* (24000), né chez M. Chaloner, est également pur sang Booth par ses deux ascendants. *Barley Sugar* (11140), né chez le même éleveur, appartient à la famille de Sylph par sir Walter. *Baron Warlaby* (7813) était un des meilleurs taureaux élevés par R. Booth. *Prince Ernest* (7366), appartient à la famille de Lady Maynard en passant par la célèbre *Miss Lax*, et la généalogie d'Imogène se perd ensuite dans les ancêtres de la race, telle qu'elle était élevée par Harrison, Major Bower et C. Colling.

4. — MARIE ANTOINETTE, rouan riche, née le 22 octobre 1875, chez M. J. H. Casswell, Angleterre.

	Éleveurs
Son père *Lord Lunesdale Bates* (34592).	Bates.
Sa mère *Maidenhair*, par *Royalist* (27370).	A J. Robarts, Sang Bates.
Sa g. m. *Modesty*, par *White Velvet* (19146).	W. C. Packe.
Sa g. g. m. *Mohair*, par *Old Buck* (15047).	M. C. Knightley.
Sa g. g. g. m. *Domino*, par *Frantic* (12897).	Marquis d'Exeter.
Sa g. g. g. g. m. *Cannara*, par *Boccaccio* (7838).	H. Watson, famille de Barmpton Rose.
Sa g. g. g. g. g. m. *Cora*, par *Duke of Rothsay* (6943).	M. Fawkes, famille de Medora.
Sa g. g. g. g. g. g. m. *Caroline*, par *Belshazzar* (1703).	R. Booth, Warlaby.
Sa g. g. g. g. g. g. g. m. — par *Noble Henry* (2374).	Champion. Sang de Favourite (252).
Sa g. g. g. g. g. g. g. g. m. — par *Abraham* (2405).	R. Thomas.
Sa g. g. g. g. g. g. g. g. g. m. — par *Mustachios* (4527).	Crofton.
Sa g. g. g. g. g. g. g. g. g. g. m. — par *Simon* (5134).	Thomas Sample.
Sa g. g. g. g. g. g. g. g. g. g. g. m. — par *Young George* (3885).	M. Watson.
Sa g. g. g. g. g. g. g. g. g. g. g. g. m. — par *George* (276).	C. Colling.

8

Marie-Antoinette est inscrite au H. B. français, bulletin n° 44, page 963.

Marie-Antoinette a été achetée au marquis d'Exeter, à cause de ses qualités laitières et de sa grande distinction. Sa généalogie comprend des alliances avec des taureaux célèbres. — Son père lord *Lunesdale Bates* (34592) sort du troupeau de lord Bective et appartient au sang de Bates. — Son grand-père *Royalist* (27370) appartient également au sang Bates, famille *Oxford* — *Old Buck* (15017) a été élevé par sir Charles Knightley et appartient à l'une des familles les plus laitières de cet éminent éleveur. *Frantic* (12897) a été élevé chez le marquis d'Exeter et *Boccaccio* (7858) appartient à la célèbre famille de *Barmpton Rose*. Le duc de Rothsay élevé par M. Fawkes appartient à l'illustre famille de *Medora* par *Ambo* (1636), laquelle fondée d'abord par Richard Booth, obtint sa plus grande célébrité entre les mains de M. Fawkes. — *Belshazzar* était un pur Booth de Warlaby. Le reste de la généalogie remonte aux anciens facteurs de la race jusqu'à l'origine historique la plus reculée.

5. — GEORGIANA OF YORK 2de, rouan, née le 12 juin 1876, chez M. Ashburner, Angleterre.

	Éleveurs.
Son père huitième Duke of York (28480).	
Sa mère Georgiana 5e, par Général Canrobert (12427).	Bates.
Sa g. m. Georgiana 4e, par Saint-Bernard (15227).	Bell. Sang Bates.
Sa g. g. m. Georgiana 3e, par lord Georges Pentick (10444).	Thomas. —
Sa g. g. g. m. Georgiana, par King Pippin (14769).	Bell. —
Sa g. g. g. g. m. — par Earl Stanhope (5966).	Bell. —
Sa g. g. g. g. g. g. m., originaire du troupeau de M. Thomas, Mount Pleasant, Bernard Castle.	Bell. —

Georgiana of York 2d, inscrite au H. B. anglais vol. 26, page 523 et au H. B. français, Bulletin n° 51, page 1071, a été élevée par M. Ashburner, l'un des plus éminents éleveurs du nord de l'Angleterre, maintenant établi dans le Gloucestershire. Cette vache est encore une puissante laitère. Son père était le fameux taureau pur sang *Duchess*, 8me *Duke of York* (28480) élevé par le colonel Gunter. Son grand-père *Général Canrobert*, élevé par M. Bell, est essentiellement de sang Bates par tous ses ascendants mâles. *Saint-Bernard*, élevé par M. Thomas, appartient absolument au même sang que lord *Georges Bentick* dont il est le fils par une fille de *King Pippin* et petite-fille de *Earl Stanhope*. Lord *Georges Bentick* (10444) a été élevé par M. Bell, longtemps régisseur de Bates et appartient à la famille des *Barrington* — *King Pippin* (14769) est un autre taureau élevé par M. Bell, qui avait naturellement accès aux meilleurs taureaux de son patron M. Bates et qui, d'un autre côté, profitait de son exemple, de ses préceptes et de son jugement. *Earl Stanhope* (5966) vient encore du troupeau de M. Bell — et compte parmi ses progéniteurs, le fameux duc de *Northumberland* (1940), *Belvedere* (1706) et le 2d *Hubback* (2683). On le voit, *Gorgiana* of York appartient essentiellement à l'élevage de M. Bell : c'est-à-dire à celui de Bates lui-même

6.— ROAN BLANCHE, rouge et blanc, née le 27 juillet 1876 chez M. Denis de Vitré, Angleterre.

	Éleveurs.
Son père Grand Duke of Kent 2ᵈ (28759).	
Sa mère Grand Duke's Butterfly, par 4ᵐᵉ Grand Duke (19814).	Leney, sang Duchess. Bates.
Sa g. m. Royal Butterfly's Duchess, par Royal Butterfly (16862).	Sang Duchess. Boiden.
Sa g. g. m. Roan Duchess 2ᵈ, par Frederick (11489).	Towneley.
Sa g. g. g. m. Roan Duchess, par Whittington (12299).	Towneley.
Sa g. g. g. g. m. Red Duchess, par 2d Cleveland Lad (3408).	Hotland.
Sa g. g. g. g. g. m. Blanche 5th, par Duke of Northumberland (1940).	Bates.
Sa g. g. g. g. g. g. m. Blanche 2ᵈ, par Norfolk (2377).	Bates
Sa g. g. g. g. g. g. g. m. Lupin, par Belvedere (1706).	Whitaker.
Sa g. g. g. g. g. g. g. g. m. Tulip, par Lancaster (360).	Bates.
Sa g. g. g. g. g. g. g. g. g. m. Ruby, par Petrarch (488).	C. Colling.
Sa g. g. g. g. g. g. g. g. g. g. m. miss Hutchinson, par Major (397).	C. Colling.
Sa g. g. g. g. g. g. g. g. g. g. g. m. Hutchinson Stranger, par Chapman's son of Punch (122).	C. Colling.
Sa g. g. g. g. g. g. g. g. g. g. g. g. m. Old Roany, par F. Dickson's Grand son of Punch (213).	Chapman.
Sa g. g. g. g. g. g. g. g. g. g. g. g. g. m. Roaned Heifer, par M. Wright's. Checks (132).	Hutchinson. Wright.
Sa g. g. g. g. g. g. g. g. g. g. g. g. g. g. m. Red Sal, par R. Grimston's Bull (262)	C. Colling.
Sa g. g. g. g. g. g. g. g. g. g. g. g. g. g. g. m. Sockburn Sal. par J. Coates Bull (148).	Coates.
Sa g. g. g. g. g. g. g. g. g. g. g. g. g. g. g. g. m. Old Sal, par Blackwell Bull.	Coates.
Sa g. g. g. g. g. g. g. g. g. g. g. g. g. g. g. g. g. m. Young Sockburn, par Dalton Bull.	C. Hill.
Sa g. g. g. g. g. g. g. g. g. g. g. g. g. g. g. g. g. g. m. Old Sockburn.	C. Hill.

Roan Blanche appartient au sang le plus pur et le plus ancien de la race Durham. C'est le sang du célèbre taureau « *Master Butterfly* » élevé par le colonel Towneley. — Sa 10ᵉ grand-mère est la célèbre vache *Stranger* de M. Hutchinson, inscrite au 1ᵉʳ volume du H. B. anglais, page 507. — *Roan Blanche* est inscrite au 26ᵉ volume du H. B. anglais, page 402 et au Bulletin du Herd Book français, nᵒ 54, page 1072. Son père Grand-Duke of Kent (18739), appartient à la famille des *Duchess* de Bates. Son grand-père appartient aussi à la même famille des *Grand-Duchess* et sort du troupeau de Mʳ Leney. Son 3ᵉ père, 4ᵉ *Grand-Duke* est encore un pur *Grand-Duchess* et fut élevé par Mʳ Bolden lui-même, le fondateur, après Bates, de cette illustre famille, dont le marquis de Poncins possède un descendant. Son 2ᵉ grand-père est *Royal Butterfly*, frère de père et de mère de *Master Butterfly* du colonel Towneley, et son 3ᵉ grand-père était Frédérick (11489), père de ces deux derniers taureaux. Whittington, élevé par Mʳ Holland, devint la propriété de Mʳ Wetherell. Ce taureau appartient à une des branches de la famille *Strawberry* et remonte au troupeau de Mʳ G. Strickland. Viennent ensuite trois ancêtres auxquels se rattache l'origine de la famille Duchess de Bates, et qui en ont été les principaux facteurs : 2ᵉ *Cleveland Lad* (3408) Duke of Northumberland (1940) et le fameux Belvedere (17 6). Après ces ancêtres, la généalogie de *Roan Blanche* s'enfonce dans le meilleur sang de Charles Colling et dans les premiers fondateurs de la race Durham. Cette généalogie est l'une des plus illustres qu'on puisse trouver. Elle figure dans l'ouvrage de Mʳ Holt Beever comme famille-souche. *Roan Duchess* 2ᵈ remporta trois premiers prix aux concours de la Société Royale d'Angleterre, comme génisse d'un an, comme génisse de deux ans et comme vache adulte. — Elle remporta ensuite le 1ᵉʳ prix et la coupe d'honneur au concours de Dublin. A la vente du colonel Towneley, en 1864, les sept représentants de cette famille réalisèrent une moyenne de plus de 5000 francs.

7.— LADY LUCY 11ᵐᵉ, rouan née le 3 janvier 1879, chez M. Francis Dodd, Rush court, Wallinsg-
ford, Angleterre.

Éleveurs.

Son père Lord Darlington 14ᵐᵉ (40149).
Sa mère Lady Lucy 8ᵐᵉ par Grand Prince of Claro (28781). — Thomson, sang Bates.
Sa g. m. Lady Lucy 6ᵐᵉ par Lord Red Eyes (14459). — Davies, sang Bates.
Sa g. g. m. Lady Lucy par Glo'ster's Grand Duke (12949) — Col. Kingscote sang Bates.
Sa g. g. g. m. Lady Long par Duke of Glovcester (11382). — Italle, sang Bates.
Sa g. g. g. g. m. Louisa par Cramer (6907). — Lord Ducie, sang Bates. Duchess.
Sa g. g. g. g. g. m. Lady Bind par Cato (6836). — Parkinson. Bates.
Sa g. g. g. g. g. g. m. Luna par Helicon (2107). — Lord Ducie, Bates.
Sa g. g. g. g. g. g. g. m. Lavender par Matchene (2281). — Lord Spencer.
Sa g. g. g. g. g. g. g. g. m. Cora par sir Alexander (591). — Mason.
Sa g. g. g. g. g. g. g. g. g. m. Mary de M. Charge par Stephen (1456). — Maynard.
Sa g. g. g. g. g. g. g. g. g. g. m. Mary par Westein cornet (682). — Charge.
Sa g. g. g. g. g. g. g. g. g. g. g. m. Young Mary par Charge Grey bull (872). — Charge.
Sa g. g. g. g. g. g. g. g. g. g. g. g. m. Mary par Charge Grey Bull (872). — Charge.
Sa g. g. g. g. g. g. g. g. g. g) g. g. g. m. Flecked Mary par Bartle (777). — Charge.
Sa g. g. g. g. g. g. g. g. g. g. g. g. g. g. g. m. — par The Studley white Bull (627). — Charge.
Sharter.

La généalogie de Lady Lucy 11ᵐᵉ prend sa source dans le vieux sang de M. Charge qui lui-même l'avait puisé dans les descendants du troupeau des moines Bénédictins de l'abbaye de Fountains car le taureau blanc de Studley (527) était fils du taureau *Studley* de M. Sharter de Chilton et il est reconnu que cet animal et beaucoup d'autres élevés dans ce district privilégié, descendaient du troupeau des moines de l'abbaye de Fountains, dont le bétail était resté et s'était perpétué dans le pays, après la dispersion des Bénédictins au seizième siècle. La famille de Lady Lucy, a pris un caractère distinctif entre les mains de M. Langston de Sarsden, qui éleva la vache Louisa par Cramer (907) taureau de sang Bates, né chez M. Parkinson. Louisa fut servie par Duke of Gloncester (11382) né chez Lord Ducie et pur sang Duchesse par ses deux ascendants. A partir de cette génération tous les ascendants mâles sont du bon sang. Mason Cramer (6907) et son père Sir Thomas Fairfax (5196), ont mérité l'honneur d'avoir leur portrait inséré dans les pages du Herd Book anglais, l'un au 6ᵐᵉ volume, page 46, et le second au 4ᵐᵉ volume, page 461.

8. — STANTON BUTTERFLY 2de, rouan riche, née le 23 août 1879 chez M. John Darling, Angleterre.

	Éleveurs.
Son père Lord Ringlet (38655).	
Sa mère *Stanton Butterfly*, par Royal Victor (35414).	H. Wardle.
Sa g. m. *Windsor Butterfly*, par Rose Butterfly (24093).	Hugh Aylmer.
Sa g. g. m. *Whitley Butterfly*, par King James (24247).	W. H. Beever.
Sa g. g. g. m. *Lady Butterfly*, par Great Mogul (14651).	R. Wood.
Sa g. g. g. g. m. *Red Butterfly*, par Master Butterfly (13311).	Marjoribank.
Sa g. g. g. g. g. m. *Vestris 2d*, par Valiant (16939).	. Towneley.
Sa g. g. g. g. g. g. m. *Venilia*, par Tom of Lincoln (8714).	Towneley.
Sa g. g. g. g. g. g. g. m. *Venus*, par Bellerophon (3119).	Sir C. Tempest.
Sa g. g. g. g. g. g. g. g. m. *Verbena*, par Renown (2525).	Stephenson.
Sa g. g. g. g. g. g. g. g. g. m. *Venus*, par Tartar (2738).	Smith.
Sa g. g. g. g. g. g. g. g. g. g. m. *Miss Camidge*, par Colton (1849).	Benson.
Sa g. g. g. g. g. g. g. g. g. g. g. m. *Comforth*, par Pioneer (1321).	Moritt.
Sa g. g. g. g. g. g. g. g. g. g. g. g. m. *Toy*, par Marshall Beresford (415).	Booth, Warlaby.
Sa g. g. g. g. g. g. g. g. g. g. g. g. g. m. *Cordelia*, par Cecil (120).	Major Bower.
Sa g. g. g. g. g. g. g. g. g. g. g. g. g. g. m. *Cora*, par Favourite (252).	C. Colling.
Sa g. g. g. g. g. g. g. g. g. g. g. g. g. g. g. m. *Countess*, par Cupid (177).	C. Colling.
Sa g. g. g. g. g. g. g. g. g. g. g. g. g. g. g. g. m. *Lady*, par Grandson of Bolingbroke (280).	C. Colling.
Sa g. g. g. g. g. g. g. g. g. g. g. g. g. g. g. g. g. g. m. *Phœnix*, par Foljambe (263).	C. Colling.
Sa g. g. g. g. g. g. g. g. g. g. g. g. g. g. g. g. g. g. g. m. *Lady Maynard* de M. Maynard, M. par Alcock's Bull (19).	Jackson.

Stanton Butterfly 2de appartient à la famille la plus renommée du troupeau du colonel Towneley. C'est la famille « *Master Butterfly* ». Cette vache est inscrite au Herd Book anglais, vol. 26, page 397, comme produit de sa mère Stanton Butterfly par Royal Victor (35414), ainsi qu'au prochain Bulletin H. B. français.

Le père de Stanton Butterfly 2de était *Lord Ringlet* (38655), né chez M. H. Wardle de Burton-on-Trent, appartient au sang Booth par presque tous ses ascendants mâles et femelles. Son grand-père seul, *Cherry Grand-Duke* 3ma, appartient au sang pur Bates. Ainsi toute sa généalogie est essentiellement de sang Booth, en passant par *British Prince* (14197). *Vanguard* (10994) *Crown Prince* (10087), *Isaac* (427), *Pilot* (496) etc., etc. — *Royal Victor* (35414) élevé par Mr Hugh Aylmerd est essentiellement de sang Booth, non seulement dans ses ancêtres immédiats, mais dans les plus anciens du sang Booth, te's que *Hamlet* (8126), *Leonard* (4210), *Buckingham* (3239) etc., etc. *Rosa Butterfly* (44993) a été élevé par le Révérend Holt Beever, l'auteur de la monographie des principales familles de la race Durham. Ce taureau remonte au troupeau de sir J. Pennymann, l'un des fondateurs de la race. *King James* (24247), né chez M. R. Vood, appartient par son père *Fitz-sir-James* (19761) à la famille laitière des *Charmer* et par son grand-père Britannicus (17452) à celle des *Surmise* également célèbre. *Great Mogul* (14651) a été élevé par Mr S. Marjoribank de Bushey Grove— c'était un fils de *Grand Turc* (12969) élevé par Mr Bolden de Lancaster et vendu plus tard à Mr Ambler de Halifax. C'était un magnifique taureau Booth de la famille de *Halnaby*, avec une alliance de Grand-Duke. — Great Mogul était un taureau si parfait qu'il a mérité l'honneur d'avoir son portrait inséré dans le 12e vol. du Herd Book, page 105.

De Master Butterfly, il n'y a rien autre à observer, que c'est lui qui remporta le prix d'honneur de notre grand concours international de 1856. Master Butterfly a été l'un des plus beaux taureaux qui ait été produit dans la race Durham, et *Stanton Butterfly* 2de semble avoir hérité de toutes ses qualités. *Valiant* et *Tom of Lincoln*, sortent respectivement des troupeaux du colonel Towneley et de sir Charles Tempest, cela suffit pour les caractériser. — Quant à *Bellerophon* (3119), on peut dire aussi que ç'a été l'un des plus célèbres de la race. — Son père était le célèbre *Belvedere* (1706) et il remonte par *Miss Rose* par *Baron* (58), *Angelina* par *Phenomenon* (491), *Anna Boleyn* par *Favourite* (254) jusqu'à la célèbre *Princess* par le même *Favourite*. Après cela, la généalogie de *Stanton Butterfly*, comme celle de ses illustres ancêtres, plonge ses racines dans le fécond sous-sol du sang de Charles Coling.

17

2

9. — MAID OF THE MOOR 3me, rouan rouge, née le 30 décembre 1879, chez M. George Jones Angleterre.

<table>
<tr><td></td><td>Éleveurs.</td></tr>
<tr><td>Son père Sir Arthur (44913).</td><td></td></tr>
<tr><td>Sa mère Maid of the Moor, par Buccaneer (25693).</td><td>Earl of Lichfield.</td></tr>
<tr><td>Sa g. m. Madeira, par Monk (24616).</td><td>J. Peel.</td></tr>
<tr><td>Sa g. g. m. Moselle, par Gondamar (19867).</td><td>Garne.</td></tr>
<tr><td>Sa g. g. g. m. Royal Moss Rose, par Royal Oak (16870).</td><td>Garne.</td></tr>
<tr><td>Sa g. g. g. g. m. Young Moss Rose, par Bashaw (12449).</td><td>Ambler.</td></tr>
<tr><td>Sa g. g. g. g. g. m. Moss Rose, par Marchmont (0367).</td><td>Fawkes.</td></tr>
<tr><td>Sa g. g. g. g. g. g. m. Tortworth, par Fitz Rose Hardinge (8073).</td><td>Parkinson.</td></tr>
<tr><td>Sa g. g. g. g. g. g. g. m. Moss Rose, par Augustus (6751).</td><td>Earl Ducie.</td></tr>
<tr><td>Sa g. g. g. g. g. g. g. g. m. Edgcott Rose, par Son of Anthony (1640).</td><td>Lord Sherborne.</td></tr>
<tr><td>Sa g. g. g. g. g. g. g. g. g. m. Old Rose, par Bull of M. Champion of Blyth Champion.</td><td>Arburthnot.</td></tr>
</table>

Maid of the Moor sort de la famille des *Moss Rose*, l'une des plus laitières du célèbre troupeau de Mʳ Garne de Broadmoor ; c'est également une des meilleures laitières du troupeau de Saron. — Elle est inscrite au Bulletin du H. B. français n° 54, page 1165.

Cette famille des *Moss Rose* de M. Garne est l'une des plus estimées de la race Durham pour ses qualités laitières. Elle a pris son origine chez M. T. Garne même, et elle s'est perpétuée de père en fils, dans la famille de cet excellent éleveur. On peut voir par les noms des éleveurs chez qui sont nés les ascendants mâles, avec quel soin la sélection en était faite. Les vaches de cette famille des *Moss Rose* de M. Garne, sont recherchées dans toutes les ventes où elles se trouvent, à cause de leur abondante lactation.

9. — SUNSHINE 6ᵐᵉ, rouge, née le 12 janvier 1880, chez le comte de Beauchamp, Angleterre.

	Éleveurs.
Son père Magnum Bonum (41954).	
Sa mère Sunshine 5th, par Festival (26147).	Harris.
Sa g. m. Sunbeam, par Archduke (21185).	Oliver.
Sa g. g. m. Sunshine, par Ortolan (18496).	Robarts.
Sa g. g. g. m. Gay Lass, par Columbus (17591).	Crawley.
Sa g. g. g. g. m. Fillpail, par Duke William (11400).	Stile Rich.
Sa g. g. g. g. g. m. Old Fillpail, par Cotgrave (6901).	Guest.
Sa g. g. g. g. g. g. m. Lovely, par Progress (4839).	Lakin.
	Marquis d'Exeter.

Sunshine sort du troupeau de Lord Beauchamp, qui s'est toujours attaché à réunir dans son étable les vaches les plus laitières, et surtout celles appartenant aux familles les plus renommées pour ces mêmes qualités. La famille de *Sunshine* est issue de *Fillpail* et *Old Fillpail* dont le nom signifiant *remplisseuse de seau*, indique les grandes qualités laitières. Sunshine est inscrite au Bulletin du H. B. français, n° 54, page 1156.

La généalogie de Sunshine 6me comprend d'excellents ascendants. *Magnum Bonum* (4935) est né chez Mr F. Harris de Stonylane House, et a été vendu au comte Beauchamp. — Il est fils d'un taureau *Waterloo* et compte parmi ses ancêtres *Festival* (26147) un Bates par el *Prince George* (13510) par Warlaby. — *Festival* grand-père de Sunshine est, comme je viens de le dire, un taureau Bates élevé par Mr Oliver. *Archduke* (21185), né chez Mr Robarts, est également du meilleur sang Bates. *Ortolan* (18496) était fils de *Welcome Guest* excellent taureau de R. Booth.

Cette généalogie s'arrête à *Progress* (1839), taureau né chez le marquis d'Exeter d'une de ces célèbres vaches de la famille *Emperor*. *Progress* était le père de *Powyke* (5743) de Mr Lakin, taureau lauréat des grands concours de Gloucester et de Worcester. — *Cotgrave* (6901), élevé par Mr Burgess, est issu du sang de lord Spencer.

11. LADY ABANA, rouge avec un peu de blanc, née le 13 mars 1880, chez lord Beauchamp.

	Éleveurs.
Son père Magnum Bonum (41964).	
Sa mère Lady Adonis, par Gay Boy (31222).	Harris.
Sa g. m. Lady Adair, par Festival (26147).	Downing.
Sa g. g. m. Lady Agnes, par Diplomatist (19571).	Oliver.
Sa g. g. g. m. Héroïne, par Hero of Oxford (18060).	Lord Feversham.
Sa g. g. g. g. m. Dew Drop, par Prince of Orange (15101).	Col. Kingscote.
Sa g. g. g. g. g. m. Nettle, par Normanby (10573)	R. S. Bruere.
Sa g. g. g. g. g. g. m. Ruby, par The Hon. Fairfax (7605).	Marjoribank.
Sa g. g. g. g. g. g. g. m. Rowena, par Vulcan (2808).	Whitaker.
Sa g. g. g. g. g. g. g. g. m. Rebecca, par Matilda's Son of Emperor (4432).	Major Bower.
Sa g. g. g. g. g. g. g. g. g. m. Non Pareil, par Parrington (4655).	Lord Feversham.
Sa g. g. g. g. g. g. g. g. g. g. m. Beauty, par Baron (58).	Parrington.
Sa g. g. g. g. g. g. g. g. g. g. g. m. Young Moss Rose, par Wellington (687).	Colonel Trotter.
Sa g. g. g. g. g. g. g. g. g. g. g. g. m. Moss Rose, par Favourite (252).	R. Colling.
Sa g. g. g. g. g. g. g. g. g. g. g. g. g. m. Red Rose, par Favourite (252).	C. Colling.
Sa g. g. g. g. g. g. g. g. g. g. g. g. g. g. m. — par Punch (531).	C. Colling.
Sa g. g. g. g. g. g. g. g. g. g. g. g. g. g. g. m. — par Foljambe (263).	C. Colling.
Sa g. g. g. g. g. g. g. g. g. g. g. g. g. g. g. g. m. — par Hubback (319).	J. Hunter.

22

Lady Abana sort aussi du troupeau laitier de lord Beauchamp. Cette génisse remonte jusqu'à *Red Rose* par Favourite (252), souche de la fameuse famille des *Red Rose* de Bates. C'est absolument la même origine. *Lady Abana* est inscrite au bulletin n° 54, page 1165 du H. B. français.

La généalogie de *Lady Abana* est une des plus illustres de la race Durham. Comme je viens de le dire, elle aboutit directement à *Red Rose* par *Favourite* 252. En effet, *Lady Agnès*, la g. g. mère de *Lady Abana* remonte par la filière de *Diplomatist* (19571), de lord Feversham, jusqu'à Red Rose par Favourite (252), connue aussi sous le nom de *American cow*, vache américaine, ayant été vendue par Bates aux représentants de la société américaine de l'Ohio.

J'ai déjà parlé de *Magnum Bonum* (41954). *Gay Boy* (31222) sort du troupeau de M' Downing, c'est un taureau dans la généalogie duquel dominent le sang *Oxford* et le sang *Duchesse*. — Le père de *Gay Boy* (31222) était le 3me *Duc de Claro* (23729), taureau pur sang *Duchess*, né chez le colonel Gunter. Son grand-père *Festival* (26147) est également un pur Bates, élevé par M' Oliver, l'un des rares détenteurs de la famille *Duchess*. *Diplomatist* (19571) sort du troupeau de lord Feversham, et réunit dans sa généalogie les meilleurs éléments de l'élevage de Bates, tels que le 5me *Duc d'Oxford* (12762) et 2d *Cleveland Lad* (3408) etc. *Hero of Oxford* (18060) est un fils de *Grand Duke of Oxford* (16185) pur Oxford, et sort du troupeau du colonel Kingscote, ce qui est un grand titre de noblesse. Il en est de même pour *Prince of Orange* (15101) appartenant au troupeau de M' R. S. Benere de Braithwaite Hall, l'un des plus célèbres éleveurs du nord de l'Angleterre. *Normanby* (10573), est né chez M' Marjoribanks de Bushy Grove, Watford. C'est un fils de *Mambrino* (7196), taureau du meilleur sang de lord Spencer. *The Hon Fairfax* (7605) élevé par M' Whitaker remonte au sang de *Princess* par Wynyard, et au célèbre taureau *Lowestrees* (365) de Charles Colling. — *Vulcan* (2808) élevé par le major Bower et acheté par lord Feversham, remonte au meilleur sang de Robert Colling.

La généalogie de *Lady Abana* poursuit son cours jusqu'à *Hubback* (319) en passant par les taureaux bien connus des deux frères Colling, tels que *Favourite* (252), *Punch* (531), *Foljambe* (263), etc.

12. — DAPHNE 7ᵐᵉ, rouan, née le 28 novembre 1880, chez M. C. T. Part Aldenham Lodge Saint Albans, Angleterre.

Éleveurs.

Son père Lord of Strathtay 2ᵈ (38636).   Lord Dunmore, sang Duchesse de Bates.

Sa mère Daphne 2ᵈ par Oxford Duke (34977).   Lord Dunmore sang Oxford de Bates.

Sa g. m. Dainty par Fawsley Prince, sir Charles Knightley (31150).

Sa g. g. m. Diamond par The Chieftain (35942). Sa Majesté la Reine d'Angleterre, sang sir Charles Knightley.

Sa g. g. g. m. Damsel par Lord Hopewell (18239).   R. Booth, Warlaby.

Sa g. g. g. g. m. Dalura par Fitz Clarence (14552).   R. Booth, Warlaby.

Sa g. g. g. g. g. m. Duchess par Duke of Cambridge (12742).   Bolden, Sang Grand Duchess.

Sa g. g. g. g. g. g. m. Cold Cream par Earl of Dublin (10178).   Sang Princess.

Sa g. g. g. g. g. g. g. m. Pansy par Grey Friar (9172).   sir Charles Knightley.

Sa g. g. g. g. g. g. g. g. m. Freckle par Fawsley (6004).   sir Charles Knightley.

Sa g. g. g. g. g. g. g. g. g. m. Furbelow par Little John (4232).   Arbuthnot.

Sa g. g. g. g. g. g. g. g. g. g. m. Erato par Marcellus (2260).   Arbuthnot.

Sa g. g. g. g. g. g. g. g. g. g. g. m. Beatrice par Caliph (1774).   Robertson.

Sa g. g. g. g. g. g. g. g. g. g. g. g. m. Quickley por Swing (2721).   sir Charles Knightley.

Sa g. g. g. g. g. g. g. g. g. g. g. g. g. m. A-la-Mode par Argus (759).   R. Booth, Warlaby.

Sa g. g. g. g. g. g. g. g. g. g. g. g. g. g. m. Valuable de Major Bower par Defender (194).
Major Bower.

Sa g. g. g. g. g. g. g. g. g. g. g. g. g. g. g. m. Violet de Major Rudd par Petrarch (488).
C. Colling.

24

Voici une des meilleures généalogies laitières qu'il y ait dans la race Durham, c'est la branche Furbelow par Little John (4282), de la célèbre famille de Quickly par Swing (2721).

Voici, en abrégé, ce que dit de cette famille M. Holt Beever dans son livre d'or des nobles familles de la race Durham : Quickly est le nom générique de cette tribu de Sir Charles Knightley. L'origine de cette famille si renommée par ses qualités laitières, remonte, en ce qui concerne l'élevage de Sir Charles Knightley, à la vache *Valuable* par le taureau Defender (194) de la famille de Old Daisy par Favourite de C. Colling, petite-fille de Hubback et l une des meilleures vaches du troupeau de cet éminent éleveur. Après Defender, Sir Charles Knightley infusa dans la famille le sang de deux taureaux Booth : Argus, de la tribu d'Anna (759), élevé par R. Bootte, et Swing (2721) élève par Sir Charles Knightley, mais issu du sang Booth le plus ancien. Puis vinrent les deux excellents taureaux de Sir C. Arbuthnot, Marcellus (2260) de la tribu de Old Cherry, et Little John (4232) de la famille Ruby. Puis vinrent Fawsley (6004), de la famille Sylph, Grey Friar (9172) de la famille Rosy, toutes deux appartenant à l'élevage de Sir Charles, et enfin Earl of Dublin (10178) pur sang *Princess*, lequel produisit cette merveille de la race Durham *Cold Cream* achetée par Sa Majesté la Reine d'Angleterre, comme une des meilleures laitières existantes. Puis vint *Duchess* par le célèbre taureau *Grand Duke*, Duke of Cambridge (12742) laquelle était la 5me grand-mère de Daphne 7me. Les deux ascendants suivants sont deux taureaux élevés par R. Booth. Fitz Clarence (14552) et Lord Hopewell (18239), puis deux autres taureaux de Sir Charles Knightley et enfin deux taureaux pur Bates de Lord Dunmore : Oxford Duke (34977) et en dernier lieu le père de Daphne 7me, Lord Strathtay (38636), pur sang Duchesse.

13. — **EFAH 2ᵈᵉ**, rouan, née le 23 mars 1881, chez M. George Jones, Angleterre.

Éleveurs.

Son père Lord Jocelyn (41874). — G. Fox.
Sa mère Efah, par Favourite (33895). — C. A. Barnes.
Sa g. m. Gladdy's, par Oxford Wild Eyes (32038). — Eckersley, sang Bates.
Sa g. g. m. Colombine 2ᵈ, par Churchwarden (23572). — W. S. Conwy.
Sa g. g. g. m. Colombine, par New York (22412). — Duke of Devonshire.
Sa g. g. g. g. m. Charlotte, par Duke of Wellington (12776). — Bolden.
Sa g. g. g. g. g. m. Bona, par Monk (11824) — R. Booth.
Sa g. g. g. g. g. g. m. Berenice, par Dan O'Connell (9011). — Watson.
Sa g. g. g. g. g. g. g. m. Berry, par Lord Adolphus Fairfax (4249). — Whitaker.
Sa g. g. g. g. g. g. g. g. m. Bracelet, par Young Favourite (3770). — Robinson.
Sa g. g. g. g. g. g. g. g. g. m. — par Waterloo (2816). — Stephenson.
Sa g. g. g. g. g. g. g. g. g. g. m. — par Lawnsleeves (365). — C. Colling.
Sa g. g. g. g. g. g. g. g. g. g. g. m. — par Phenomenon (491). — C. Colling.
Sa g. g. g. g. g. g. g. g. g. g. g. g. m. — par Favourite (252). — C. Colling.
Sa g. g. g. g. g. g. g. g. g. g. g. g. g. m. — par Favourite (252). — C. Colling.
Sa g. g. g. g. g. g. g. g. g. g. g. g. g. g. m. — par Favourite (252). — C. Colling.
Sa g. g. g. g. g. g. g. g. g. g. g. g. g. g. g. m. — par Hubback (319). — Hunter.
Sa g. g. g. g. g. g. g. g. g. g. g. g. g. g. g. g. m. — par Snowdon's Bull (612). — Snowdon.
Sa g. g. g. g. g. g. g. g. g. g. g. g. g. g. g. g. g. m. — par Waistell's Bull (669). — Waistell.
Sa g. g. g. g. g. g. g. g. g. g. g. g. g. g. g. g. g. g. m. — par Masterman Bull (422). — Masterman.
Sa g. g. g. g. g. g. g. g. g. g. g. g. g. g. g. g. g. g. g. m. — par The Studley Bull (926). — Sharter.

Efah 2ᵉ remonte à la même origine que la célèbre Princess. Sa 2ᵐᵉ grand-mère, Colombine 2ᵈ est inscrite au H. B. anglais. vol. 21, page 640, et elle-même l'est au Bulletin nᵒ 54 du H. B. français. Cette généalogie dans sa filière récente, comme dans son origine, est également distinguée, et contient le meilleur sang des frères Booth.

Le père de *Efah* 2ᵈᵉ est Lord Jocelyn (41874) né à Elmshust Hall chez Mʳ G. Fox, et dont la généalogie remonte absolument aux mêmes ancêtres que Efah. Ainsi, le commencement et la fin de ce remarquable pedigree, se rencontrent dans le même sang. Lord Jocelyn est immédiatement issu des meilleurs taureaux de sang Bates. Son père est le 21ᵐᵉ *Duc d'Airdrée* (36460), taureau a heté en Amérique par Mʳ G. Fox et appartenant au plus pur sang Bates. Son grand-père est *Lord Thorndale* (29210), né chez Mʳ Wainmann de Worksop. — *Churchwarden* (23552) élevé par Mʳ W. E. Conwy est fils du 2ᵐᵉ grand-père de *Efah* 2ᵈᵉ, *New York*, né chez le duc de Devonshire, et combinant le sang Oxford avec celui de sir Charles Knightley. *Duke of Wellington* (12776) est un taureau de Mʳ Bolden pur sang *Waterloo*. *Monck* (11824) a été l'un des plus remarquables taureaux du troupeau de Warlaby. *Dan O'Connell* (9011) élevé par M. Watson, appartient à la famille de *Medora* par *Ambo*. Lord Aldolphus Fairfax (4249) élevé par Mʳ Whitaker, a mérité l'honneur d'avoir son portrait intercalé dans le 4ᵐᵉ volume du Herd Book, page 263. Ce taureau de sang Booth fut acheté par Mʳ W. Torr qui s'en servit longtemps dans son troupeau. *Waterloo* (2816) élevé par le célèbre Stephenson est le père de la famille Bates de *Waterloo*. Après cette illustre génération, le pedigree d'Efah 2ᵈᵉ plonge ses racines dans le meilleur sang des Colling, et jusqu'au *Studley Bull* (626) le plus ancien taureau connu de la race Durham, lequel, je l'ai déjà dit, sortait de l'élevage des anciens moines bénédictins de l'abbaye de Fountains.

14. — BELLE DE SARON, rouan, née le 16 septembre 1881, à la vacherie de Saron, chez M. R. de la Tréhounais.

Son père Minstrel Boy (43063).
Sa mère Violet, par Vulcan (27730).
Sa g. m. Vesuvius, par Baron Wetherby 2° (21243).
Sa g. g. m. Violet, par Fairleigh (19714).
Sa g. g. g. m. Verdant, par Majestic (13279).
Sa g. g. g. g. m. Virago, par Nelson (20399).
Sa g. g. g. g. g. m. Vitella, par Ultimatum (10982).
Sa g. g. g. g. g. g. m. Venus, par Monzani (6222).
Sa g. g. g. g. g. g. g. m. Philis, par Vampire (2789).
Saillie le 11 février 1883 par Duc de Saron.

· Voir les notes de *Violl*, page 2.

15. — DUCHESSE DE SARON, rouan, née à la vacherie de Saron, chez M. R. de la Tréhonnais le 22 février 1882.

	Éleveurs.
Son père Forester (44834).	Lord Fitz William.
Sa mère Cherry Stone 2ᵈ, par Wild Boy of the Dale (39315).	Lodge.
Sa g. m. Cherry Stone, par Cherry Prince 8th (33358).	William Torr.
Sa g. g. m. Cameo 7ᵐᵉ, par Duke of Clarence (19611).	Col. Gunter.
Sa g. g. g. m. Cameo 2ᵈ, par Frederick (11489).	Col. Towneley.
Sa g. g. g. g. m. Cameo, par Jeweller (10364).	Booth.
Sa g. g. g. g. g. m. Cressida, par Cossack (1880).	Booth.
Sa g. g. g. g. g. g. m. Cassandra, par Miracle (2320).	Mason.
Sa g. g. g. g. g. g. g. m. Garland, par Matchem (2281).	Mason.
Sa g. g. g. g. g. g. g. g. m. — par Fitz Remus (2025).	Shafto.
Sa g. g. g. g. g. g. g. g. g. m. — par Cato (119).	Mason.
Sa g. g. g. g. g. g. g. g. g. g. m. — par Whitworth (695).	Mason.
Sa g. g. g. g. g. g. g. g. g. g. g. m. Vache du troupeau de M. Mason.	Mason.

La famille des *Cressida* est une des plus renommées parmi les éleveurs du nord de l'Angleterre. La souche de cette famille, *Cressida* par Cossack 1880, inscrite au Herd Book anglais, vol. VII, page 312, a été élevée par M' Parkinson de Ley Field. Le même éleveur avait acheté la mère de *Cressida*. Cassandra par Miracle (2320), à M' Shafto de Whitsang. Le père de Cressida était *Cossack* (1880) — taureau élevé par Richard Booth et appartenant à son meilleur sang. La mère de Cassandra était Garland par Matchem (2281) du sang de Mason.

La mère de *Cherry Stone* 2de était, par *Wild Boy of the Dale* (39315) de la famille Bates des *Wild Eyes*. Sa grand-mère *Cherry Stone* était par Cherry Prince 8me (33358) de la famille des *Cherry Duchess* — né chez M' Torr. Sa 2de grand-mère *Cameo* 7me était par Duke of *Clarence* (29611) taureau pur sang Duchess, né chez le capitaine Gunter, et sa 3me grand-mère, *Cameo* 2de, par le célèbre taureau *Frederick* (11489), du colonel Towneley, et père du fameux *Master Butterfly*, prix d'honneur au grand concours international de Paris en 1856. Sa 4me grand-mère Cameo était par *Jeweller* (10354) de M' R. Booth et comme nous l'avons vu plus haut, sa 5me grand-mère était par *Cossack* également né chez M' Booth. A partir de sa 6me grand-mère Cressida, le pedigree de *Cherry Stone* plonge ses racines dans le meilleur sang de *Mason*.

14. — CHATELAINE DE SARON, rouge et blanc, née à la vacherie de Saron le 28 février 1882, chez M. Robiou de la Tréhonnais.

	Éleveurs.
Son père Forester (44834).	Lord Fitz-William.
Sa mère *Roan Blanche*, par Grand Duke of Kent (28759).	Famille g^d Duchess de Bates.
Sa g. m. *Grand Duke's Butterfly*, par 4me g^d Duke (19874).	Bates, sang Duchesse.
Sa g. g. m. *Royal Butterfly's Duchess*, par Royal Butterfly (16862).	Col. Towneley.
Sa g. g. g. m. *Roan Duchess* 2de, par Frederick (11489).	Towneley
Sa g. g. g. g. m. *Roan Duchess*, par Wittington (12299).	Holland.
Sa g. g. g. g. g. m. *Red Duchess*, par 2^d *Cleveland Lad* (3408).	Bates.
Sa g. g. g. g. g. g. m. *Blanche* 5me, par Duke of Northumberland (1940).	Bates.
Sa g. g. g. g. g. g. g. m. *Blanche* 2^d, par Norfolk (2377).	Whitaker.
Sa g. g. g. g. g. g. g. g. m. *Blanche*, par Belvédère (1706).	Bates.
Sa g. g. g. g. g. g. g. g. g. m. *Tulip*, par Lancaster (360).	C. Colling.
Sa g. g. g. g. g. g. g. g. g. g. m. *Ruby*, par Petrarch (488).	C. Colling.
Sa g. g. g. g. g. g. g. g. g. g. g. m. *Miss Hutchinson*, par Mayors (397).	C. Colling.
Sa g. g. g. g. g. g. g. g. g. g. g. g. m. *Hutchinson's Stranger*, par Chapman's Son of Punch (122).	
Sa g. g. g. g. g. g. g. g. g. g. g. g. g. m. *Old Roany*, par F. Dickson's of Grand son of PTnch (213) Hutchinson.	
Sa g. g. g. g. g. g. g. g. g. g. g. g. g. g. m. *Roaned Heifer*, par M. Wright's Cheeks (132. Wright.	
Sa g. g. g. g. g. g. g. g. g. g. g. g. g. g. g. m. *Red Sal*, par R. Grimston's Bull (282). C. Colling.	
Sa g. g. g. g. g. g. g. g. g. g. g. g. g. g. g. g. m. *Sockburn Sal* par J. Coates'Bull (148).	
Sa g. g. g. g. g. g. g. g. g. g. g. g. g. g. g. g. m. *Old Sal*, par Blackwell Bull. Blackwell. Coates.	
Sa g. g. g. g. g. g. g. g. g. g. g. g. g. g. g. g. g. m. *Young Sockburn*, par Dalton Bull. C. Hill.	
Sa g. g. g. g. g. g. g. g. g. g. g. g. g. g. g. g. g. g. m. *Old Sockburn*.	C. Hill.

Voir les notes sur *Roan Blanche*, n° 6, page 12.

17. — **COMTESSE de SARON**, rouge et blanc, née à la vacherie de Saron, chez M. de la Tréhonnais le 2 février 1883.

Éleveurs.

Son père *marquis de Saron* inscrit au Bulletin n° 54, fils de Marie Antoinette page 4 et de *Marquis de Montheremer* (40305), taureau par sang de la famille de *Wild Eyes* de Bates.

De la Tréh. nnais.

Sa mère *Roan Blanche*, par Grand Duke of Kent (28759). Famille Grand Durchess of Bates.
Sa g. m. Grand Duke's Butterfly, par 4me Grand Duke (19874). Sang Duchess. Bolden.
Sa g. g. m. Royal Butterfly's Duchess par Royal Butterfly (16862). Towneley.
Sa g. g. g. m. Roan Duchess 2^d, par Frederick (11489). Towneley.
Sa g. g. g. g. m Roan Duchess, par Whittington (12299). Holland.
Sa g. g. g. g. g. m. Red Duchess, par 2^d Cleveland Lad (3408). Bates.
Sa g. g. g. g. g. g. m. Blanche 5th, par Duke of Northumberland (1940). Bates.
Sa g. g. g. g. g. g. g. m. Blanche 2^d, par Norfolk (2377). Whitaker.
Sa g. g. g. g. g. g. g. g. m. Lupin, par Belvedere (1706). Bates.
Sa g. g. g. g. g. g. g. g. g. m. Tulip, par Lancaster (360). C. Colling.
Sa g. g. g. g. g. g. g. g. g. g. m. Ruby, par Petrarch (488). C. Colling.
Sa g. g. g. g. g. g. g. g. g. g. g. m. miss Hutchinson, par Major (397). C. Colling.
Sa g. g. g. g. g. g. g. g. g. g. g. g. m. Hutchinson Stranger, par Chapman's son of Punch (122).

Chapman's.

Sa g. g. g. g. g. g. g. g. g. g. g. g. m. Old Roany, par F. Dickson's of Grand son of Punch (213).

Hutchinson.

Sa g. g. g. g. g. g. g. g. g. g. g. g. g. g. m. Roaned Heifer, par M. Wright's. Cheeks (132).

Moright.

Sa g. g. g. g. g. g. g. g. g. g. g. g. g. g. g. g. m. Red Sal, par R. Grimston's Bull (282). C. Colling.
Sa g. g. g. g. g. g. g. g. g. g. g. g. g. g. g. g. m. Sockburn Sal, par J. Coates Bull (148) Coates.
Sa g. g. g. g. g. g. g. g. g. g. g. g. g. g. g. g. m. Old Sal. par Blackwell Bull. Blackwell.
Sa g. g. g. g. g. g. g. g. g. g. g. g. g. g. g. g. m. Young Sockburn, par Dalton Bull. C. Hill.
Sa g. g. g. g. g. g. g. g. g. g. g. g. g. g. g. g. m. Old Sockburn. C. Hill.

31

Mêmes notes que pour *Rouen Blanche*, page 6.

18. — DAME DE SARON, rouge, née le 10 février 1883, à la vacherie de Saron. chez M. de la Tréhonnais.

<table>
<tr><td></td><td>Éleveurs.</td></tr>
<tr><td>Son père Marquis de Saron, père de la génisse précédente.</td><td>De la Tréhonnais.</td></tr>
<tr><td>Sa mère Violet, par Vulcan (27739).</td><td>C. Bayes.</td></tr>
<tr><td>Sa g. m. Vesuvius, par Baron Wetherby (21243).</td><td>Rowley.</td></tr>
<tr><td>Sa g. g. m. Violet, par Fairleigh (19714).</td><td>Sanday.</td></tr>
<tr><td>Sa g. g. g. m. Verdant, par Majestic (13279).</td><td>R. Booth.</td></tr>
<tr><td>Sa g. g. g. g. m. Virago, par Nelson (20399).</td><td>Mallorie.</td></tr>
<tr><td>Sa g. g. g. g. g. m. Vitella, par Ultimatum (10982).</td><td>Sir C. Tempest.</td></tr>
<tr><td>Sa g. g. g. g. g. g. m. Venus, par Monzani (6222).</td><td>Lord Spencer.</td></tr>
<tr><td>Sa g. g. g. g. g. g. g. m. Philis, par Vampire (2789).</td><td>Edge.</td></tr>
</table>

Voir *Violet*, page 2.

19. — BLANCHE DE SARON, blanc, née à la vacherie de Saron, chez M. de la Trébonnais le 20 février 1883.

Éleveurs.

Son père Sir Wetherby, inscrit au 20ᵉ volume du Herd Book Anglais, sous presse, et au Bulletin, n° 54. Philipps.

Sa mère *Maid of the Moor* 3ᵐᵉ, par *Sir Arthur* (35559). Earl of Lichfield.

Sa g. m. *Maid of the Moor*, par *Buccaneer* (26693). J. Peel.

Sa g. g. m. *Madeira*, par *Monk* (24616). Garne.

Sa g. g. g. m. *Moselle*, par *Gondomar* (19867). Garne.

Sa g. g. g. g. m. *Royal Moss Rose*, par *Royal Oak* (16870). Ambler.

Sa g. g. g. g. g. m. *Young Moss Rose*, par *Bashaw* (12449). Fawkes.

Sa g. g. g. g. g. m. *Moss Rose*, par *Marchmont* (9367). Parkinson.

Sa g. g. g. g. g. g. m. *Tortworth Rose*, par *Fitz Hardinge* (8073). Earl Ducie.

Sa g. g. g. g. g. g. g. m. *Moss Rose*, par *Augustus* (6751). Lord Sherborne.

Sa g. g. g. g. g. g. g. g. m. *Edgcott Rose*, par *Son of Anthony* (1640). Arbuthnot.

Sa g. g. g. g. g. g. g. g. g. m. *Old Rose*, par *Bull of M. Champion of Blyth*. Champion.

* Voir les notes sur *Maid of the Moor* 3me, page 18.

TAUREAUX

1. — DUC DE SARON, rouge, né le 27 septembre 1881, à la vacherie de Saron, chez M. de la Tréhonnais.

Éleveurs.

Son père *Premier* (43770).   W. Bolton.
Sa mère *Lady Godiva* 10me, par *Warrior* (42801).   Woodward.
Sa g. m. *Lady Godiva* 2e, par *Colonel* (28241).   Clark.
Sa g. g. m. *Lady Godiva*, par *Romeo* (28819).   Clark.
Sa g. g. g. m. *Buxom*, par *Fitz Georges* (28606).   Clark.
Sa g. g. g. g. m. *Buxom*, par un taureau Durham du troupeau de M. Elias Clarke, Lillington Dagnell (Bercks).

Premier (43770) est un taureau pur *Cheyne* exporté au Chili. Pour le reste de la généalogie. Voir les notes de *Lady Godiva*, n° 2, page 4.

2. — ARABI PACHA, rouan, né le 17 mars 1882, chez Miss Graham près Birmingham.

Éleveurs.

Son père *Cherry Grand Duke* (42922).   Oliver.
Sa mère *Fantail 4me*, par *Coronation* (30793).   G. C. Adkins.
Sa g. m. *Fantail 3me*, par *Lord Thorndale* (29210).   Wamman.
Sa g. g. m. *Fantail 2d*, par *Costa* (21487).   G. Graham (Chasme).
Sa g. g. g. m. *Fantail*, par *Barley Corn* (17348).   Sir C. Knightley.
Sa g. g. g. g. m. *Fair Helen*, par *Général Canrobert* (12927).   T. Bell.
Sa g. g. g. g. g. m. *Florella*, par *5me Grand Duke of York* (10168).   Bates.
Sa g. g. g. g. g. g. m. *Flirt 2d*, par *4me Duke of Northumberland* (5649).   Bates.
Sa g. g. g. g. g. g. g. m. *Flirt*, par *Short Tail* (2621).   Bates.
Sa g. g. g. g. g. g. g. g. m. *Fletcher 2d*, par *Belvédère* (1706).   Bates.
Sa g. g. g. g. g. g. g. g. g. m. *Fletcher*, par *Son of Young Wynyard* (2859).

Countess of Antrim.

Sa g. g. g. g. g. g. g. g. g. g. m. *Fletcher*, par *Brown* (97).   Thomson.
Sa g. g. g. g. g. g. g. g. g. g. g. m. — par *Red Ball*,   M. Brown.

La tribu des *Fantails* est inscrite dans le livre d'or des grandes familles Durham du Révérend W. Holt Beever. C'est essentiellement une famille de Bates. Elle descend de *Fletcher* 2d, élevée par Bates et vendu par lui à son représentant Mr Bell de Kirklevington. Dans les récentes ventes, les animaux de cette famille ont toujours réalisé des prix qui témoignent de la faveur dont jouit cette tribu parmi les grands éleveurs en Angleterre et en Amérique. La moyenne des prix cités par le Révérend W. Holt Beever, atteint le chiffre de 9457 francs. Quelqu s animaux ont réalisé jusqu'à 16000 francs. — En étudiant la généalogie ci-contre, on comprend la valeur des reproducteurs de cette illustre famille. — Le père d'*Arabi Pacha* est *Cherry grand Duke* de la famille des *Grand Duchess*, né chez Mr Oliver. Son grand-père *Coronation* (30796) élevé par Mr G. C. Adkins, est fils du taureau *Duchess*, 3me *Duke of Claro* (23729) du colonel Gunter dont j'ai déjà parlé, et il remonte en passant par le taureau Bates Duke of Thorndale (17750) jusqu'au sang de la famille *Charmer* si remarquable par ses qualité laitières. — *Lord Thorndale* (29210), élevé par M. Wainman est du même sang que *Diplomatist* (19571) de lord Feversham dont j'ai parlé à propos de la généalogie de *Lady Abana*, page 22. *Costa* (21187), élevé par Mr G. Graham, appartient à cette même famille de *Charmer* dont j'ai parlé plus haut. — *Barley Corn* (17348) est du meilleur sang de sir Charles Knightley et appartient à une famille extraordinairement laitière. — Le *Général Canrobert* (14927) a été élevé par Mr Bell, l'historien, l'ami et le fidèle serviteur de Bates et le continuateur de son élevage. 5me *Grand Duke of York* (10168), 4me *Duke of Northumberland* (36179), *Short Tail* (2621), l'illustre Belvédère (1700) et étaient parmi les meilleurs taureaux et les plus illustres produits du troupeau de ce grand éleveur. Puis vient *Son of Young Wynyard* (2859) propre fils de *Princess* — dont j'ai déjà raconté l'histoire dans la monographie de cette vache, laquelle a été publiée dans le *Journal de l'agriculture*.

3.— VIDAME DE SARON, rouan, né à la vacherie de Saron, chez M. de la Tréhonnais le 31 mars 1882.

Éleveurs.

	Éleveurs.
Son père *Forester* (44834).	Lord Fitz William.
Sa mère *Dew Drop* 25me, par *Lord Penrhyn* (43563).	R. Loder.
Sa g. m. *Dew Drop* 24me, par *Patrick* (35017).	W. Fowler.
Sa g. g. m. *Dew Drop* 17me, par *Cherry Duke* (25752).	Lord Penrhyn.
Sa g. g. g. m. *Dew Drop* 7me, par *Imperial Count* (24183).	M. Carr.
Sa g. g. g. g. m. *Dew Drop* 3me, par *Red River* (20648).	Lady Pigot.
Sa g. g. g. g. g. m. *Dew Drop*, par *Snow Drop* (20861).	Brown
Sa g. g. g. g. g. g. m. *Myrtle*, par *Trajan* (17139).	R. W. Baker.
Sa g. g. g. g. g. g. g. m. *Twin*, par *Romulus* (15184)	R. W. Baker.
Sa g. g. g. g. g. g. g. g. m. — par *Rasper* (13562).	T. Chapman.

Forester est un excellent taureau de sang Booth, élevé en Irlande par lord Fitzwilliam. Ce taureau, importé par M de la Tréhonnais, appartient actuellement à M. Sancerre de Champs-sur-Marne. Les autres ascendants mâles de Vidame de Saron remontent presque tous au vieux sang de lord Brownlow. Parmi ces ascendants, on rencontre *Trajan* (17130) acheté par M. Auchère, il y a déjà longtemps, et importé par cet éminent éleveur français.

4. — PRINCE DE SARON 2ᵈ, rouge, né le 28 mai 1882, à la vacherie de Saron, chez M. de la Tréhonnais.

<table>
<tr><td></td><td align="right">Éleveurs.</td></tr>
<tr><td>Son père Forester (44874).</td><td align="right">Lord Fitz William.</td></tr>
<tr><td>Sa mère Georgiana of York, par 8ᵐᵉ Duke of York (28480).</td><td align="right">Bates.</td></tr>
<tr><td>Sa g. m. Georgiana 5ᵐᵉ, par Général Canrobert (12927).</td><td align="right">Bell.</td></tr>
<tr><td>Sa g. g. m. Georgiana 3ᵐᵉ, par Saint-Bernard (15227).</td><td align="right">M. Thomas, sang Bates.</td></tr>
<tr><td>Sa g. g. g. m. Georgiana, par Lord George Bentick (10444).</td><td align="right">Bell.</td></tr>
<tr><td>Sa g. g. g. g. m. Georgiana, par King Pippin (14766).</td><td align="right">Bell.</td></tr>
<tr><td>Sa g. g. g. g. g. m. — par Earl Stanhope (5966).</td><td align="right">Bell.</td></tr>
<tr><td>Sa g. g. g. g. g. g. m. — issue du troupeau de M. Thomas, Mount Pleasant, Bernard Castle.</td><td></td></tr>
</table>

Voir les notes de *Georgiana of York*, page 10.

5. — SEIGNEUR DE SARON, rouan, né à la vacherie de Saron, chez M. de la Trébonnais, le 12 août 1882.

Éleveurs.

Son père *Dogberry* (44628). Lord Fitz William.
Sa mère *Imogène*, par *Robert Burns* (29795). Booth.
Sa g. m. *Iris*, par *Lord Stanley* (24466). Booth.
Sa g. g. m. *Isabelle*, par *Fusilier* (23000). Booth.
Sa g. g. g. m. *Irish Girl*, par *Barley Sugar* (11140). R. Chaloner, famille de Old Sylph.
Sa g. g. g. g. m. *Fleda*, par *Baron Warlaby* (7813). R. Booth.
Sa g. g. g. g. g. m. *Young Favourite*, par *Prince Ernest* (7366). Robert Holmes, famille de Lady Maynard.
Sa g. g. g. g. g. g. m. *Favourite*, par *Bright* (1739). Benson. Sang Booth.
Sa g. g. g. g. g. g. g. m. *Campanula*, par *Shylock* (2622). Woodhouse.
Sa g. g. g. g. g. g. g. g. m. — par *Perry* (1314). Thomas Harrison.
Sa g. g. g. g. g. g. g. g. g. m. — par *Blucher* (84). Major Bower.
Sa g. g. g. g. g. g. g. g. g. g. m. — par *Marshall Beresford* (415). Major Bower.
Sa g. g. g. g. g. g. g. g. g. g. g. m. — par *Crocus* (932). Thomas Harrison.
Sa g. g. g. g. g. g. g. g. g. g. g. g. m. — par *A bull of Charles Colling*. C. Colling.

48

Voir les notes de la généalogie d'*Imogène*, page 6.

6. — VICOMTE DE SARON, rouan, né à la vacherie de Saron, chez M. de la Tréhonnais le 29 octobre 1882.

Son père *Dogherry* (44628). Éleveurs.
Sa mère *Lady Godiva* 10ᵐᵉ, par *Warrior* (32801). Lord Fitz William.
Sa g. m. *Lady Godiva* 2ᵉ, par *Colonel* (28221). W. Woodward.
Sa g. g. m. *Lady Godiva*, par *Romeo* (29819). Clarke.
Sa g. g. g. m. *Buxom*, par *Fitz George* (28606). Clarke.
Sa g. g. g. g. m. *Buxom*, par *Bull of Elias Clarke*. Clarke.
Clarke.

Voir les notes de *Lady Godiva*, page 4.

7. — RUBIS de SARON, rouge, né à la vacherie de Saron, chez M. de la Tréhonnais le 16 février 1883.

Son père *Stonegrave* (42453).
Éleveurs.

Sa mère *Sunshine* 6me, par *Magnum Bonum* (41954).
Lord Beauchamp.

Sa g. m. *Sunshine* 4me, par *Festival* (26147).
Harris.

Sa g. g. m. *Sunbeam*, par *Archduke* (21185).
Oliver.

Sa g. g. g. m. *Sunshine*, par *Ortolan* (18496).
Robarts.

Sa g. g. g. g. m. *Guy Less*, par *Columbus* (17591).
Crawley.

Sa g. g. g. g. g. m. *Fillpail*, par *Duke William* (11400).
Stile Rich.

Sa g. g. g. g. g. g. m. *Old Fillpail*, par *Cotgrave* (6961).
Guest.

Sa g. g. g. g. g. g. g. m. *Lovely*, par *Progress* (4839).
Lakin.

Marquis d'Exeter.

Voir les notes de *Sunshine* 6me, page 20.

8. — PRINCE DE SARON, 3ᵐᵉ, rouge avec un peu de blanc, né à la vacherie de Saron, le 22 mai 1883.

Éleveurs.

Son père Marquis de Saron, H. B. français, bulletin nᵒ 54, page 1155.   De la Tréhonnais.
Sa mère Georgiana of York, par 8ᵐᵉ Duke of York (28480).   Bates.
Sa g. m. Georgiana 4ᵐᵉ, par Saint-Bernard (15227).   Bell. Sang Bates.
Sa g. g. m. Georgiana 3ᵐᵉ, par lord Georges Bentick (10444).   Thomas.   —
Sa g. g. g. m.   —   par King Pippin (14769).   Bell.   —
Sa g. g. g. g. m. par Earl Stanhope (5966).   Bell.   —
Sa g. g. g. g. g. m., originaire du troupeau de M. Thomas, Mount Pleasant, Bernard Castle.

Voir les notes de *Georgina of York*, page 10

9. — COMMANDANT DE SARON, rouge, né à la vacherie de Saron le 25 mai 1883.
Son père *Lord Bright Eyes* inscrit au 29me volume du H. B. anglais. Pur sang *Wild Eyes* de Bates.

Éleveurs.

Sa mère *Lady Lucy* 11me, par lord Darlington (30149).

Sa g. m. Lady Lucy 6me, par Lord Red Eyes (24459). — Col. Kingscote sang Bates.

Sa g. g. m. Lady Lucy, par Glo'ster's Grand Duke (12949). — Halle, sang Bates.

Sa g. g. g. m. Lady Long, par Duke of Gloscester (11382). — Lord Ducie, sang Bates. Duchess.

Sa g. g. g. g. m. Louisa, par Cramer (6907). — Parkinson. Bates.

Sa g. g. g. g. g. m. Lady Bind, par Cato (6836). — Lord Ducie. Bates.

Sa g. g. g. g. g. g. m. Luna, par Helicon (2107). — Lord Spencer.

Sa g. g. g. g. g. g. g. m. Lavender, par Matchene (2281). — Mason.

Sa g. g. g. g. g. g. g. g. m. Cora, par sir Alexander (591). — Meynard.

Sa g. g. g. g. g. g. g. g. g. m. Mary de M. Charge, par Stephen (1456). — Charge.

Sa g. g. g. g. g. g. g. g. g. g. m. Mary, par Westein Cornet (682). — Charge.

Sa g. g. g. g. g. g. g. g. g. g. g. m. Young Mary, par Charge Grey Bull (872). — Charge.

Sa g. g. g. g. g. g. g. g. g. g. g. g. m. Mary, par Charge Grey Bull (872). — Charge.

Sa g. g. g. g. g. g. g. g. g. g. g. g. g. m. Flecbed Mary, par Bartle (777).

Sa g. g. g. g. g. g. g. g. g. g. g. g. g. g. m. — par The Studley white Bull (627).

Voir les notes de *Lady Lucy*, page 14.

10. — CHEVALIER DE SARON, blanc, né à la vacherie de Saron, le 22 juin 1883, chez M. de
la Trébouniais.

Éleveurs.

Son père Baron Blush.
Sa mère, Daphne 7me.
Sa g. m. Dainly par Fawsley Prince, sir Charles Knightley (31150).
Sa g. g. m. Biamond par The Chieftain (30942). Sa Majesté la Reine d'Angleterre, sang sir Charles Kinghtley.
Sa g. g. g. m. Damsel par Lord Hopewel (18339). R. Booth, Warlaby.
Sa g. g. g. g. m. Datura par Fitz Clarence (14552). R. Booth, Warlaby.
Sa g. g. g. g. g. m. Duchess par Duke of Cambridge (12742). Bolden, Sang Grand Duchess.
Sa g. g. g. g. g. g. m. Cold Cream par Earl of Dublin (10178). Sang Princess.
Sa g. g. g. g. g. g. g. m. Pansy par Grey Friar (9172). sir Charles Knightley.
Sa g. g. g. g. g. g. g. g. m. Freckle par Fawsley (6005). sir Charles Knightley.
Sa g. g. g. g. g. g. g. g. g. m. Furbelow par Little John (4232). Arbuthnot.
Sa g. g. g. g. g. g. g. g. g. g. m. Erato par Marcellus (2260). Arbuthnot.
Sa g. g. g. g. g. g. g. g. g. g. g. m. Beatrice par Caliph (1744). Robertson.
Sa g. g. g. g. g. g. g. g. g. g. g. g. m. Quickley par Swing (2721). sir Charles Knightley.
Sa g. g. g. g. g. g. g. g. g. g. g. g. g. m. A la-mode par Argus (759). R. Booth, Walarby.
Sa g. g. g. g. g. g. g. g. g. g. g. g. g. g. m. Valuable de Major Bower par Defender (195). Major Bower.

Sa g. g. g. g. g. g. g. g. g. g. g. g. g. g. g. m. Violet de Major Rudd par Petrarch (488). C. Colling.

38

Voir les notes de *Daphné* 7me, page 24.

8492. — Imprimerie A. Lahure, 9, rue de Fleurus, à Paris.

www.ingramcontent.com/pod-product-compliance
Lightning Source LLC
LaVergne TN
LVHW022323170726
843503LV00006B/2659